USAR LA ELECTRICIDAD

Angela Royston

Heinemann Library
Chicago, Illinois

Customer Service 888-454-2279

Visit our website at www.heinemannlibrary.com

Designed by bigtop
Originated by Ambassador Litho
Translation into Spanish produced by DoubleO Publishing Services
Printed and bound in China by South China Printing Company.

09 08 07 06
10 9 8 7 6 5 4 3 2 1

Library of Congress Cataloging-in-Publication Data
Royston, Angela.
 [Using electricity. Spanish]
 Usar la electricidad / Angela Royston.
    p. cm. – (Ciencia en mi mundo)
 Includes index.
 ISBN 1-4034-9107-0 (hb - library binding) – ISBN 1-4034-9114-3 (pbk.)
 1. Electricity–Juvenile literature. I. Title.
 QC527.2.R6918 2006
 537–dc22
                        2006006055

Acknowledgements
The author and publishers are grateful to the following for permission to reproduce copyright material:
Trevor Clifford, pp6, 7, 9, 10, 11, 12, 13, 14, 15, 16, 17, 18, 19, 20, 21, 22, 23, 24, 26, 27, 28, 29;
Corbis: pp5, 8, 25; Trip: H Rogers p4.

Cover photograph reproduced with permission of Corbis

Algunas de las palabras aparecen en negrita, **como éstas.**
Podrás averiguar lo que significan mirando el glosario.

Contenido

¿Qué es la electricidad?

La **energía** eléctrica es un tipo de energía que puede convertirse en otros tipos de energía, por ejemplo, en calor, luz y movimiento.

La electricidad se usa en distintos **aparatos** en escuelas, tiendas, oficinas e incluso en la calle. La electricidad ilumina los letreros de estos edificios.

Usar la electricidad

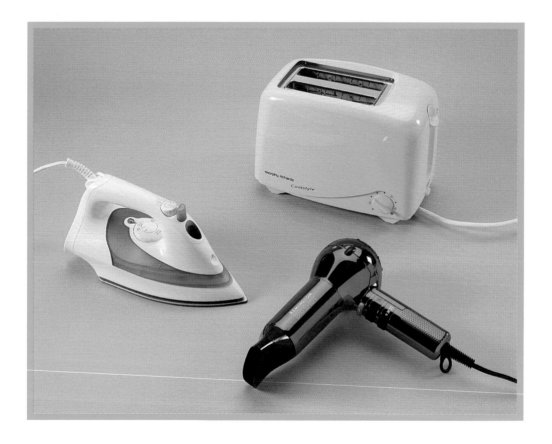

La **energía** eléctrica puede convertirse en calor, sonido o movimiento, y también en luz. Todos estos **aparatos** usan electricidad para crear calor.

Una televisión usa electricidad para crear luz, imágenes y sonidos. Una aspiradora usa electricidad para aspirar el polvo. También hace muchísimo ruido.

¿De dónde viene la electricidad?

La electricidad es producida en una **estación eléctrica.** Se envía por cables a las casas, tiendas y otros edificios. Los cables eléctricos están conectados a las **tomas de corriente** de las paredes.

Cuando se conecta un enchufe a una toma de corriente, la electricidad **fluye** hacia el **aparato.** Algunas tomas de corriente tienen **interruptores** que no dejan fluir la electricidad.

¡Peligro!

Ten cuidado: la electricidad puede ser peligrosa. Una **descarga** eléctrica puede herirte o matarte. Nunca metas cosas en las **tomas de corriente** o en los **aparatos** eléctricos.

Una vez que una plancha eléctrica, una tostadora o un horno se calientan, puede pasar mucho tiempo hasta que se enfríen. Ten cuidado de no tocarlos después de haberlos usado.

¿Qué es una pila?

Una pila almacena electricidad. Los **productos químicos** dentro de la pila cambian lentamente para producir electricidad. Las pilas se fabrican en distintos modelos y tamaños.

Las pilas en este **control remoto**
generan sólo una cantidad pequeña de
electricidad. Generan suficiente
electricidad para hacer que el control
remoto funcione pero no la suficiente
como para calentarlo.

Aparatos que usan pilas

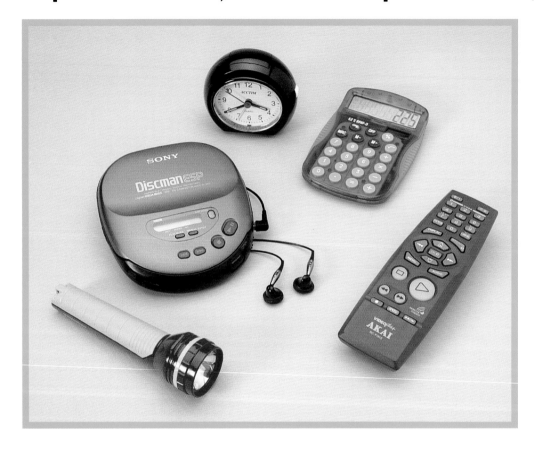

Las pilas son útiles porque las puedes llevar a todas partes. Todos estos **aparatos** usan pilas para que los puedas llevar contigo.

Las pilas no duran para siempre.
Después de un tiempo ya no producen
electricidad. Cuando las pilas de estos
juguetes se gastan, los juguetes dejan
de funcionar.

¿Qué es un circuito?

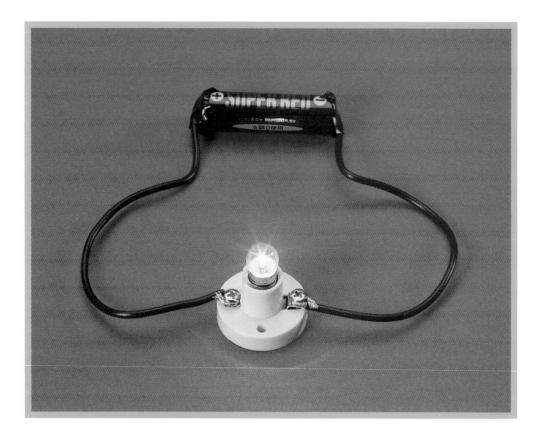

Un **circuito** es un recorrido por el que **fluye** la electricidad. La electricidad fluye desde la pila a través del cable hasta la bombilla y de vuelta a la pila.

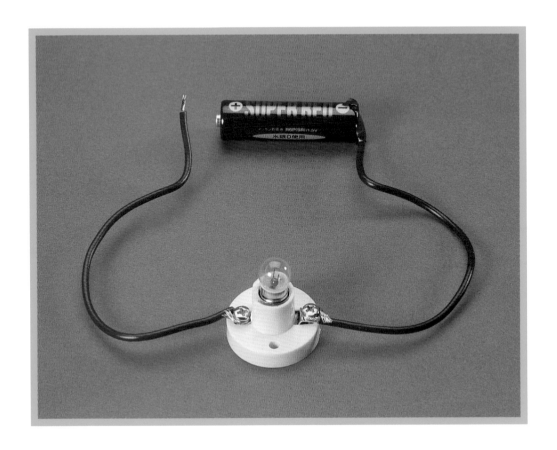

La electricidad fluirá solo si el recorrido
hace una vuelta completa. Aquí se ha
roto la vuelta. La electricidad deja de
fluir y la luz se apaga.

Encender dos bombillas

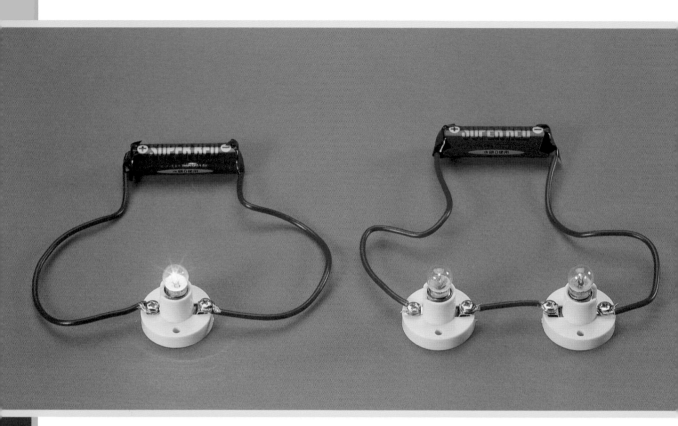

Puedes añadir una o más bombillas a un **circuito.** Cada vez que añades una, la luz de cada bombilla será más débil.

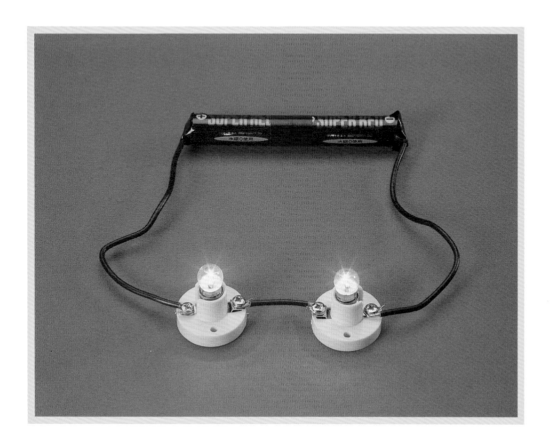

Una pila sólo puede producir una cantidad determinada de electricidad. Si añades otra pila, habrá más electricidad. Aquí, las bombillas brillan con fuerza.

Interruptores

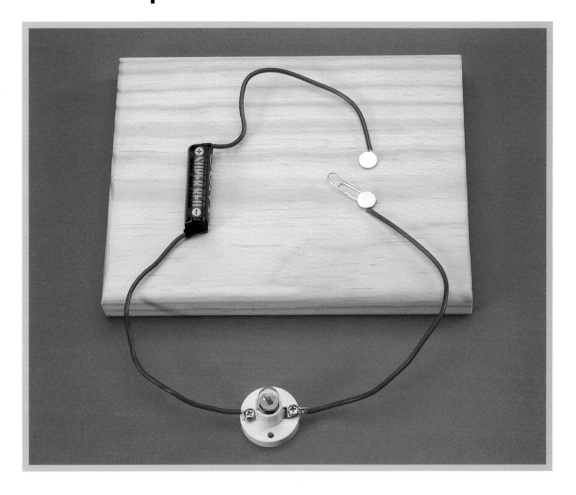

Un **interruptor** te permite romper un **circuito.** El clip es el interruptor de este circuito. Cuando el interruptor está apagado, la electricidad no puede **fluir** por el circuito.

Este interruptor controla un circuito de trenes eléctricos. Cuando el interruptor está encendido, el tren se mueve por las vías. ¿Qué ocurrirá cuando el interruptor esté apagado?

Conductores

Un **conductor** es algo que deja **fluir** la electricidad con facilidad. Esta niña está probando si el papel de aluminio dejará pasar la electricidad.

La electricidad fluye a través del papel de aluminio. El metal es un buen conductor. Se usa para los cables que llevan la electricidad a los trenes eléctricos.

Aislantes

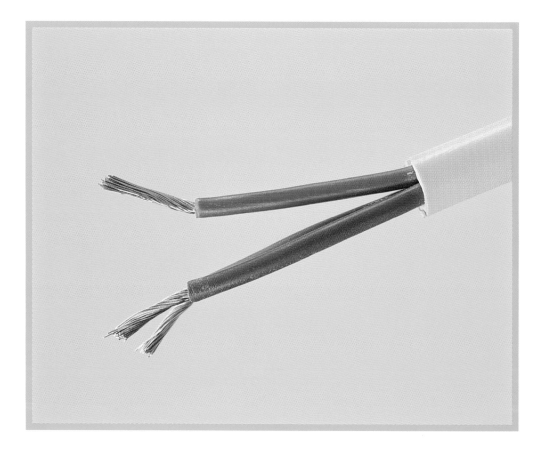

Un **aislante** es algo que no deja **fluir** la electricidad. El plástico es un buen aislante. Por eso los cables eléctricos usualmente están cubiertos de plástico.

Esta niña está comprobando diferentes materiales para ver si son aislantes o **conductores.** Cuando prueba con un aislante, la electricidad deja de fluir.

Dibujar un circuito

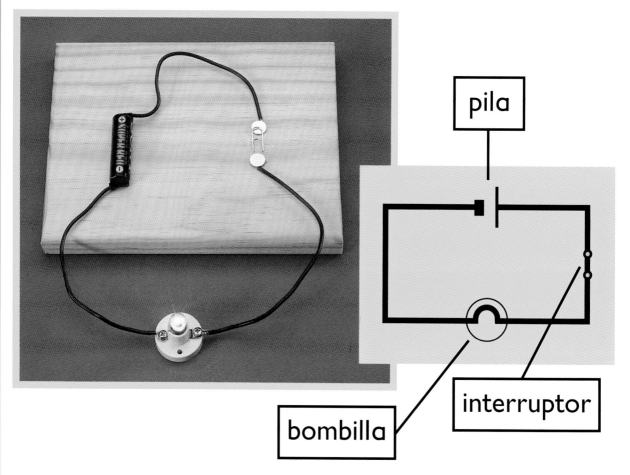

pila

bombilla

interruptor

Puedes dibujar un **circuito** usando símbolos sencillos para la pila, el **interruptor,** el cable y la bombilla. ¿Está abierto o cerrado el interruptor de este circuito?

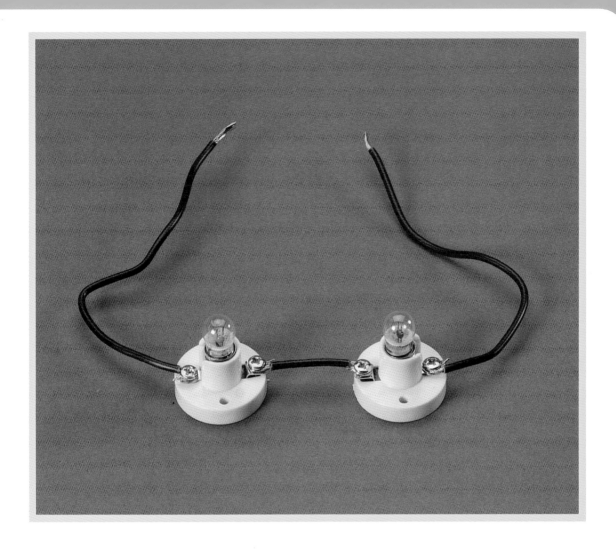

Hay algo que está mal en este circuito. Alguien se ha olvidado de la pila. Haz un dibujo para mostrar cómo debería verse el circuito.

Glosario

aislante algo que bloquea la electricidad

aparato algo que usa la fuerza para hacer una tarea

descarga electricidad que al pasar por tu cuerpo produce quemaduras

circuito por donde fluye la electricidad

conductor algo que deja que la electricidad fluya con facilidad

control remoto algo que te permite encender y apagar un aparato a distancia

energía fuerza o potencia

estación eléctrica edificio donde se genera la electricidad

fluir moverse con facilidad

fuerza algo que hace mover las cosas

interruptor algo que abre o cierra un

circuito eléctrico

producto químico tipo de sustancia

toma de corriente agujeros que están normalmente en una pared, en los que se mete un enchufe

Más libros para leer

Challoner, Jack. *Mi primer libro de pilas e imanes.* Molino, 1992.

Parker, Steve. *Electricidad.* Altea/Santillana, 1993. Un lector mayor te puede ayudar con este libro.

Índice